Petits plats à la Plancha !

Recettes et photographies
de Jean-François Mallet

Albums
LAROUSSE

Sommaire

Cuisiner à la plancha

La plancha est l'ustensile de cuisson idéal pour une cuisine saine, rapide et conviviale, à utiliser l'été, dehors dans un jardin ou sur la terrasse d'un appartement. D'origine espagnole, c'était autrefois une plaque brûlante chauffée sur la braise. Aujourd'hui, la plancha fonctionne au gaz ou à l'électricité.

La plancha doit toujours être brûlante, sa température s'élevant à 250 °C environ. Au-delà, la peau des poissons, des légumes et des fruits peut prendre un goût de métal et brûler. De même, une viande saisie sur une plaque trop chaude devient dure, la chair se contractant.

La cuisson par saisie des ingrédients n'utilise que très peu de matières grasses. On peut même cuire certaines viandes comme les travers de porc, les saucisses, les merguez ou les andouillettes sans aucune matière grasse ajoutée. Le gras fond doucement, les sucs de la viande caramélisent, se colorent et donnent au produit le meilleur de son goût.

Il est conseillé d'assaisonner les ingrédients avant de les saisir pour permettre au sel, au poivre et aux épices de pénétrer les aliments et de les nourrir durant la cuisson.

Tout peut être « planché » : les viandes, les poissons, les crustacés, les coquillages, quelques fromages, les légumes (les pommes de terre notamment, taillées assez finement), les fruits, le pain rassis – frotté à l'ail et arrosé d'huile d'olive –, ou la brioche beurrée et sucrée. Même si la plupart des ingrédients se dégustent nature tant la cuisson conserve les saveurs, ils peuvent être relevés d'une tranche de jambon cru, d'une herbe fraîche, d'une épice ou d'une marinade pour en faire une recette originale et goûteuse.

Enfin, la plancha est facile à entretenir, avec une simple spatule, un chiffon et un peu d'eau chaude.

Amateur de cuisine, même grand débutant, vous découvrirez dans cet ouvrage toute l'originalité et la simplicité des plats cuits à la plancha !

Les asperges vertes de taille moyenne se prêtent mieux à la cuisson à la plancha que les asperges blanches – plus dures –, qui sont meilleures cuites à l'eau ou à la cocotte et servies avec du beurre.

Asperges croquantes à la vinaigrette aux zestes d'orange

PRÉPARATION : 10 MIN

CUISSON : 30 MIN

POUR 4 PERSONNES

> 2 bottes d'asperges vertes
> 2 cuill. à soupe d'huile d'olive
> 1 branche de thym frais
> sel, poivre

Pour la vinaigrette

> 1 orange non traitée
> 200 g de sucre en poudre
> 5 cuill. à soupe d'huile d'olive
> 4 cuill. à soupe de sauce soja

Préparez les zestes d'orange confits. Prélevez les zestes de l'orange en prenant soin de bien retirer la peau blanche, puis émincez-les finement. Dans une casserole d'eau bouillante, faites-les blanchir pendant 1 minute, égouttez-les et rincez-les à l'eau froide. Mettez les zestes dans une casserole avec 25 cl d'eau et ajoutez le sucre en poudre. Faites confire à feu très doux pendant 8 minutes environ, en surveillant attentivement.

Faites chauffer la plancha.

Coupez la base des asperges. Épluchez celles-ci, puis saisissez-les sur la plancha très chaude. Arrosez-les d'huile d'olive, salez, poivrez. Ajoutez le thym. Laissez les asperges colorer pendant 20 minutes environ, en les retournant de temps en temps.

Préparez la vinaigrette. Dans un bol, mélangez l'huile d'olive, la sauce soja et les zestes d'orange confits.

Servez les asperges croquantes et chaudes nappées de vinaigrette aux zestes d'orange.

Les petites courgettes, plus tendres, sont idéales pour la plancha et bien meilleures au goût.

Courgettes à la menthe et au chèvre

PRÉPARATION : 10 MIN

CUISSON : 20 MIN ENVIRON

POUR 4 PERSONNES

> 1/4 de botte de menthe fraîche
> 4 petites courgettes
> 5 cuill. à soupe d'huile d'olive
> 2 branches de thym frais
> 4 petits chèvres en bouchon (ou une bûchette de chèvre, ou du sainte-maure)
> 1 cuill. à café de thym séché
> sel, poivre

Faites chauffer la plancha.

Équeutez les feuilles de menthe, lavez-les et séchez-les, puis hachez-les grossièrement. Lavez les courgettes, équeutez-les et taillez-les en très fines lamelles.

Sur la plancha très chaude et huilée avec 1 cuillerée d'huile d'olive, saisissez les lamelles de courgette. Laissez colorer les deux côtés des courgettes, puis ajoutez les branches de thym frais. Salez, poivrez et laissez dessécher.

Dressez les courgettes chaudes sur des assiettes individuelles. Ajoutez le fromage de chèvre coupé en morceaux et la menthe. Assaisonnez avec le thym séché et 4 cuillerées d'huile d'olive.

Vous pouvez également réaliser cette recette avec des fonds d'artichaut cuits, en boîte ou surgelés.

Artichauts poivrades aux anchois

PRÉPARATION : 10 MIN
CUISSON : 25 MIN

POUR 4 PERSONNES

> 8 artichauts poivrades
> 1/2 citron jaune
> 2 cuill. à soupe d'huile d'olive
> 1 cuill. à café de thym séché
> 5 branches de thym frais
> 5 feuilles de laurier
> 12 filets d'anchois à l'huile
> 2 cuill. à soupe de vinaigre de xérès
> sel, poivre

Découpez en deux les artichauts, dans le sens de la longueur. Taillez les pointes, épluchez légèrement les queues, retirez le foin, puis frottez les artichauts avec le 1/2 citron pour éviter qu'ils ne noircissent.

Faites chauffer la plancha.

Sur la plancha très chaude et huilée, saisissez les artichauts avec le thym séché, le thym frais et le laurier. Laissez-les cuire pendant 25 minutes en les retournant de temps en temps.

Lorsque les artichauts sont dorés et fondants, taillez-les en morceaux plus petits, puis dressez ceux-ci dans un grand plat. Disposez les anchois sur le dessus. Assaisonnez avec un peu d'huile des anchois, mélangez avec le vinaigre de xérès. Décorez avec le thym en branches et le laurier de la cuisson.

Servez ce plat tiède.

Ces crevettes au jambon cru sont délicieuses à l'apéritif, accompagnées d'un vin blanc frais, un pouilly-fumé par exemple.

Crevettes au jambon cru

PRÉPARATION : 10 MIN

CUISSON : 20 MIN

POUR 4 PERSONNES

> 20 crevettes crues entières de taille moyenne (surgelées)
> 4 fines tranches de jambon cru
> 20 feuilles de basilic
> sel, poivre

Décortiquez les crevettes. Taillez les tranches de jambon cru en larges lanières. Enveloppez chaque crevette avec une lamelle de jambon. Glissez une feuille de basilic entre la crevette et le jambon.

Faites chauffer la plancha.

Sur la plancha à température moyenne, saisissez sans matière grasse les crevettes au jambon cru. Laissez colorer pendant 10 minutes de chaque côté.

Servez les crevettes croquantes sur un lit de mâche ou sur une frisée aux lardons.

Cette recette peut également se préparer avec des pruneaux, des tomates cerises ou des tranches de banane taillées en rondelles avec la peau.

Mini-brochettes de bœuf à l'abricot sec et au cumin

PRÉPARATION : 20 MIN

MARINADE : 25 MIN

CUISSON : 10 MIN

POUR 4 PERSONNES

> 700 g de viande de bœuf à brochette (poire ou tende-de-tranche)
> 200 g d'abricots secs

Pour la marinade

> 5 cuill. à soupe de sauce soja
> 5 cuill. à soupe d'huile d'olive
> 2 cuill. à soupe de cumin en graines
> sel, poivre

Découpez le bœuf et les abricots en petits morceaux de taille identique. Montez des brochettes en alternant un morceau de viande et un morceau d'abricot.

Préparez la marinade. Dans un grand plat, mélangez la sauce soja, 1 petit verre d'eau, l'huile d'olive et le cumin. Disposez les brochettes dans la marinade, salez et poivrez. Laissez mariner pendant 25 minutes.

Faites chauffer la plancha.

10 minutes avant de passer à table, saisissez les brochettes sur la plancha très chaude. Laissez-les cuire pendant 5 minutes de chaque côté, puis dressez-les sur un lit de salade.

Servez les mini-brochettes avec des pommes de terre vapeur écrasées à la fourchette avec un peu de beurre.

Parfaits pour une entrée, ces champignons au lard peuvent aussi accompagner une viande rouge ou une volaille… cuite à la plancha.

Champignons de Paris au lard fumé et à la vinaigrette à la ciboulette

PRÉPARATION : 10 MIN
CUISSON : 10 MIN

POUR 4 PERSONNES

> 8 gros champignons de Paris
> 8 très fines tranches de poitrine fumée

Pour la vinaigrette

> 1 botte de ciboulette
> 2 cuill. à soupe d'huile d'arachide
> 1 cuill. à soupe d'huile de noisette
> 2 cuill. à soupe de vinaigre balsamique
> sel, poivre

Pour accompagner

> 1 salade feuille de chêne

Lavez les champignons sous un filet d'eau froide puis séchez-les. Entourez chacun d'eux d'une tranche de poitrine fumée. Fixez celle-ci à l'aide d'une brochette en bois.

Faites chauffer la plancha.

Sur la plancha très chaude, saisissez sans matière grasse les champignons au lard fumé. Laissez cuire pendant 10 minutes et faites-les dorer en les retournant de temps en temps.

Préparez la vinaigrette. Lavez la ciboulette, égouttez-la et ciselez-la. Dans un bol, mélangez l'huile d'arachide et l'huile de noisette, la ciboulette et le vinaigre. Fouettez le tout, salez et poivrez.

Dressez les champignons bien chauds sur un lit de salade feuille de chêne, nappez avec la vinaigrette à la ciboulette.

Des tranches de foie gras prédécoupées sont disponibles au rayon frais ou surgelé des supermarchés : c'est très facile à utiliser et tellement plus pratique.

Foie gras et pommes marinés au miel et au vinaigre de xérès

PRÉPARATION : 15 MIN
CONGÉLATION : 15 MIN
MARINADE : 10 MIN
CUISSON : 15 MIN

POUR 4 PERSONNES

> 1 beau lobe de foie gras
> 2 pommes goldens
> sel, poivre

Pour la marinade

> 2 cuill. à soupe de miel liquide
> 1 cuill. à soupe de vinaigre de xérès

Découpez le lobe de foie gras en 8 tranches épaisses puis déposez celles-ci sur une assiette. Placez l'assiette au congélateur pendant 15 minutes.

Préparez la marinade. Dans une petite casserole, faites réchauffer le miel, ajoutez le vinaigre puis retirez du feu. Découpez les pommes en deux, retirez les pépins et mettez les demi-pommes à mariner dans le miel au vinaigre pendant 10 minutes.

Faites chauffer la plancha.

Faites cuire les demi-pommes marinées pendant 10 minutes sur la plancha. Lorsqu'elles sont cuites, saisissez les tranches de foie gras bien dures directement sur la plancha, sans matière grasse. Salez, poivrez et colorez pendant 2 minutes environ, de chaque côté. Nappez le foie gras avec le reste de la marinade.

Dressez les pommes et le foie gras sur des assiettes individuelles. Servez-les bien chauds avec des tranches de pain dorées à la plancha.

Le provolone est un fromage d'origine italienne qui supporte bien la cuisson. Vous pouvez le remplacer par du comté ou du beaufort.

Provolone et tomates séchées

PRÉPARATION : 10 MIN

MARINADE : 25 MIN

CUISSON : 10 MIN

POUR 4 PERSONNES

> 2 tranches épaisses de provolone (environ 1 cm d'épaisseur)
> 10 tomates séchées
> 2 pincées de piment en poudre
> 1 cuill. à soupe d'huile d'olive
> sel, poivre

Pour la marinade

> 1 cuill. à soupe d'origan séché
> 4 cuill. à soupe d'huile d'olive

Découpez environ 6 morceaux dans chaque tranche de provolone. Disposez-les dans un plat avec les tomates séchées, rajoutez l'origan et l'huile d'olive. Laissez mariner pendant 25 minutes.

Faites chauffer la plancha.

Ajoutez le piment en poudre dans le plat, salez et poivrez.

Sur la plancha bien chaude et légèrement huilée, saisissez les morceaux de provolone. Déposez une tomate séchée sur chaque tranche de fromage. Lorsque le fromage commence à fondre, retournez-le avec une spatule et laissez de nouveau colorer.

Dressez les morceaux de provolone sur un grand plat. Servez à l'apéritif avec un verre de vin rouge léger et frais.

Il est très important de placer les cabécous au congélateur avant de les saisir sur la plancha. Le lard aura le temps de cuire sans que les cabécous ne fondent trop vite.

Cabécous grillés au lard et au thym

PRÉPARATION : 5 MIN
CONGÉLATION : 30 MIN
CUISSON : 5 À 10 MIN

POUR 4 PERSONNES

> 4 cabécous
> 4 fines tranches de poitrine fumée
> 8 branches de thym frais
> 1 cuill. à soupe d'huile d'olive
> 4 tranches de pain
> poivre

Enveloppez chaque cabécou d'une fine tranche de poitrine fumée. Glissez entre le fromage et le lard 2 branches de thym frais.

Disposez les cabécous au lard sur une grande assiette et placez-la 30 minutes au congélateur.

Faites chauffer la plancha.

Sur la plancha bien chaude, saisissez les fromages enroulés de poitrine fumée. Arrosez-les avec l'huile d'olive, poivrez et laissez colorer pendant 5 minutes environ, de chaque côté. Lorsque le lard est grillé et que le fromage commence légèrement à couler, dressez les cabécous sur des tranches de pain.

Vous pouvez réaliser cette recette avec des pavés de rumsteck ou avec une côte de bœuf, pour laquelle la cuisson sera plus longue de 10 minutes environ, à cause de l'os.

Entrecôte épaisse à la moutarde violette et tomates grillées

PRÉPARATION : 10 MIN

CUISSON : 15 À 20 MIN

POUR 4 PERSONNES

> 1 entrecôte épaisse (environ 1,8 kg)
> 4 cuill. à soupe d'huile de tournesol
> 4 branches de thym frais
> 2 cuill. à soupe de moutarde violette
> sel, poivre

Pour accompagner

> 2 tomates cœur-de-bœuf
> gros sel

Salez et poivrez l'entrecôte.

Faites chauffer la plancha.

Sur la plancha très chaude, saisissez l'entrecôte. Badigeonnez-la d'huile de tournesol et ajoutez les branches de thym. Laissez colorer la viande pendant 5 à 6 minutes de chaque côté, puis badigeonnez-la de moutarde violette. Faites cuire de nouveau pendant 5 minutes de chaque côté. Laissez reposer l'entrecôte quelques minutes avant de la découper.

Coupez en deux les tomates cœur-de-bœuf. Salez-les au gros sel et faites-les griller pendant 5 minutes environ à la plancha.

Servez l'entrecôte accompagnée des tomates cœur-de-bœuf grillées.

Cuire la viande au contact de la citronnelle permet de lui donner un goût léger et délicieux.

Brochettes de bœuf à la citronnelle

PRÉPARATION : 20 MIN

MARINADE : 10 MIN

CUISSON : 6 À 8 MIN

POUR 4 PERSONNES

> 4 pavés de rumsteck
> 16 branches de citronnelle

Pour la marinade

> 1 botte de coriandre fraîche
> 1 cuill. à café de curry
> 6 cuill. à café d'huile d'olive
> sel, poivre

Découpez les pavés de rumsteck en petites lamelles régulières. Retirez les feuilles épaisses des branches de citronnelle puis fendez celles-ci dans la longueur sur 8 cm environ. Glissez 2 ou 3 lamelles de bœuf par branche de citronnelle fendue.

Préparez la marinade. Lavez et hachez grossièrement la coriandre. Dans un grand plat, déposez les brochettes de bœuf à la citronnelle. Salez, poivrez et ajoutez le curry, l'huile d'olive et la coriandre. Laisser mariner pendant 10 minutes.

Faites chauffer la plancha.

Sur la plancha très chaude, saisissez les brochettes de bœuf à la citronnelle. Faites cuire de 6 à 8 minutes en les tournant de temps en temps.

Servez les brochettes avec un bol de riz parfumé.

La brochette est parfaitement cuite lorsque la bavette est bien caramélisée, et surtout quand le comté commence à fondre légèrement.

Bavettes de bœuf au comté fondant et à la sauce soja

PRÉPARATION : 10 MIN

MARINADE : 10 MIN

CUISSON : 10 MIN

POUR 4 PERSONNES

> 4 bavettes de bœuf
> 300 g de comté
> sel, poivre

Pour la marinade

> 4 cuill. à soupe d'huile d'olive
> 2 cuill. à soupe de sauce soja

Coupez les bavettes en deux dans l'épaisseur pour avoir 8 morceaux. Salez et poivrez.

Préparez la marinade. Dans un grand plat, disposez les morceaux de viande, arrosez-les d'huile d'olive et de sauce soja. Laissez mariner pendant 10 minutes à température ambiante.

Taillez le comté en 8 bâtons épais. Recouvrez chaque morceau de comté avec 1 tranche de bavette et fixez l'ensemble avec une brochette en bois.

Faites chauffer la plancha.

Sur la plancha très chaude, saisissez les brochettes et faites-les cuire pendant 10 minutes en les arrosant de temps en temps avec la marinade.

Servez les brochettes bien chaudes avec une purée de pomme de terre.

Les escalopes de veau au chorizo peuvent être servies à l'apéritif avec du rosé ou une anisette bien fraîche.

Escalopes de veau roulées au chorizo et à l'estragon

PRÉPARATION : 20 MIN
CUISSON : 15 MIN

POUR 4 PERSONNES

> 4 grandes escalopes de veau assez fines
> 16 fines tranches de chorizo
> 1 botte d'estragon frais
> 4 cuill. à soupe d'huile d'olive
> sel, poivre

Découpez les escalopes de veau en lamelles. Déposez une tranche de chorizo et une branche d'estragon sur chaque morceau de viande, puis roulez ceux-ci sur eux-mêmes. Fixez l'ensemble avec une brochette en bois.

Faites chauffer la plancha.

Sur la plaque brûlante, saisissez les escalopes de veau roulées. Arrosez-les d'huile d'olive, salez et poivrez puis laissez cuire pendant 15 minutes en les retournant de temps en temps pour bien les colorer.

Servez les escalopes bien chaudes, accompagnées d'une ratatouille ou d'un gratin de courgette.

Les boulettes de viande se dégustent avec une sauce tomate et de la semoule au beurre, ou bien encore assaisonnées d'une vinaigrette tiède et servies avec une salade de tomates au basilic.

Boulettes de porc, citrons et raisins secs

PRÉPARATION : 25 MIN
CUISSON : 25 MIN

POUR 4 PERSONNES

> 4 branches de basilic
> 2 citrons non traités
> 600 g de chair à saucisse
> 1 œuf
> 100 g de raisins secs
> 4 cuill. à soupe d'huile d'olive
> sel, poivre

Effeuillez les branches de basilic, lavez et découpez les feuilles. Prélevez les zestes des citrons et râpez ceux-ci. Mettez dans un saladier la chair à saucisse, l'œuf entier, les raisins secs, les feuilles de basilic découpées et les zestes de citron râpés. Salez, poivrez et mélangez énergiquement afin d'obtenir un mélange homogène.

Faites chauffer la plancha.

Moulez de grosses boulettes au creux de la main et saisissez-les sur la plancha brûlante, en les imprégnant d'huile d'olive. Laissez cuire pendant 25 minutes en les retournant de temps en temps pour qu'elles se colorent de tous les côtés.

Vous pouvez réaliser la même recette sans bacon, en enveloppant le filet mignon dans de grandes feuilles d'épinard préalablement blanchies à l'eau bouillante.

Filet mignon rôti au bacon et tomates cerises

PRÉPARATION : 20 MIN
CUISSON : 25 MIN

POUR 4 PERSONNES

> 1 filet mignon de porc
> 1 cuill. à soupe de moutarde de Dijon
> 1 cuill. à soupe de thym séché
> 20 fines tranches de poitrine fumée
> 1 cuill. à soupe d'huile de tournesol
> sel, poivre

Pour accompagner

> 4 grappes de tomates cerises

Dégraissez légèrement le filet mignon, salez et poivrez. Badigeonnez-le de moutarde. Saupoudrez-le de thym séché, puis enveloppez-le avec les tranches de poitrine fumée en les intercalant pour qu'elles tiennent mieux.

Faites chauffer la plancha.

Sur la plancha très chaude et huilée, saisissez le filet mignon et laissez-le cuire pendant 10 minutes sur chaque face. Lorsque le bacon est bien croustillant, taillez le filet mignon en plusieurs tournedos assez épais. Ajoutez sur la plancha les branches de tomates cerises et les tournedos. Laissez cuire pendant 5 minutes environ.

Dégustez les tournedos accompagnés des tomates cerises chaudes et fondantes.

Pour une marinade bien forte, vous pouvez fendre les piments en deux.

Côtelettes d'agneau à l'huile pimentée-safranée

PRÉPARATION : 10 MIN

CONGÉLATION : 15 MIN

MARINADE : 1 H

CUISSON : 10 MIN ENVIRON

POUR 8 PERSONNES

> 1 citron vert non traité
> 8 côtelettes premières d'agneau

Pour la marinade

> 4 piments rouges
> 15 pistils de safran
> 5 cuill. à soupe d'huile de pépins de raisin
> 4 branches de thym frais
> sel, poivre

Mettez le citron vert à durcir pendant 15 minutes environ au congélateur.

Dégraissez légèrement les côtelettes d'agneau. Mettez-les dans un grand plat avec les piments, le safran, l'huile de pépins de raisin et le thym. Salez et poivrez, puis laissez mariner pendant 1 heure à température ambiante.

Faites chauffer la plancha.

Saisissez les côtelettes sur la plancha brûlante, arrosez-les d'un peu de marinade. Laissez cuire pendant 5 à 10 minutes pour que les côtelettes restent légèrement rosées.

Dressez les côtelettes d'agneau sur un plat de service. Prélevez le zeste du citron vert et râpez-le directement sur la viande. Arrosez avec l'huile de la marinade.

Servez avec du riz basmati additionné de marinade.

La viande d'agneau hachée peut se préparer avec des tranches de gigot bien dégraissées, puis mixées dans un robot.

Keftas d'agneau à la marocaine

PRÉPARATION : 30 MIN

CUISSON : 20 MIN

POUR 4 PERSONNES

> 2 bottes de coriandre fraîche
> 500 g de merguez
> 400 g de viande d'agneau hachée
> 1 cuill. à café de ras el-hanout (mélange en poudre de plusieurs épices)
> 1 cuill. à soupe de cumin en poudre
> 4 cuill. à soupe d'huile d'olive
> sel, poivre

Lavez et hachez la coriandre. Ouvrez les merguez et récupérez-en la chair. Dans un grand saladier, mélangez la chair des merguez et la viande d'agneau hachée, puis ajoutez le ras el-hanout et la coriandre. Salez, poivrez et mélangez énergiquement avec un peu d'eau froide afin d'obtenir une farce homogène.

Montez les keftas autour des brochettes en pressant fortement du bout des doigts. Parsemez de cumin en poudre.

Faites chauffer la plancha.

Saisissez les brochettes sur la plancha brûlante, arrosez d'huile d'olive et laissez cuire 10 minutes de chaque côté.

Dégustez les keftas en sandwich dans du pain ou accompagnées d'un taboulé.

Pour des chaussons encore meilleurs, faites-les mariner dans du vin blanc, de l'huile d'olive et des herbes de Provence.

Chaussons de volaille à la mozzarella, au jambon et au basilic

PRÉPARATION : 20 MIN
CUISSON : 30 MIN

POUR 4 PERSONNES

> 4 escalopes de dinde
> 2 grosses boules de mozzarella
> 4 branches de basilic frais
> 12 tranches de jambon cru
> 4 cuill. à soupe d'huile d'olive
> sel, poivre

Détaillez les escalopes en tranches peu épaisses. Taillez la mozzarella en morceaux. Effeuillez les branches de basilic et lavez les feuilles. Taillez les tranches de jambon cru en deux.

Pour faire un chausson, enroulez 1 morceau de mozzarella et 1 tranche d'escalope de dinde, salez, poivrez et ajoutez 2 feuilles de basilic. Refermez avec le jambon cru (vous pouvez fixer l'ensemble avec une brochette en bois).

Faites chauffer la plancha.

Arrosez les chaussons d'huile d'olive et saisissez-les sur la plancha brûlante, puis laissez cuire doucement pendant 30 minutes, en les tournant de temps en temps pour bien les colorer. Arrosez sans cesse avec l'huile de cuisson.

Servez les chaussons bien chauds avec des pâtes *al dente*.

Brochettes de poulet et d'oignon

PRÉPARATION : 20 MIN

CUISSON : 20 MIN

POUR 4 PERSONNES

> 5 blancs de poulet (ou de dinde)
> 1 botte d'oignons nouveaux
> 2 cuill. à soupe d'huile d'olive
> 1 branche de citronnelle
> 4 cuill. à soupe d'huile d'arachide
> sel, poivre

Taillez le poulet en petits morceaux réguliers. Épluchez les oignons nouveaux. Réservez le bout souple et vert des queues d'oignon. Taillez le reste en morceaux de la même taille que ceux de poulet. Montez les brochettes en alternant poulet et oignons.

Faites chauffer la plancha. Saisissez les brochettes sur la plancha brûlante ; arrosez-les d'huile d'olive. Salez, poivrez et laissez cuire 20 minutes à feu vif en les retournant de temps en temps.

Préparez la sauce. Épluchez et taillez grossièrement la branche de citronnelle. Réunissez dans le bol d'un mixeur la citronnelle, les queues d'oignon, l'huile d'arachide, salez, poivrez puis mixez afin d'obtenir une sauce épaisse et onctueuse.

Pommes de terre au romarin

PRÉPARATION : 15 MIN

CUISSON : 20 MIN

POUR 4 PERSONNES

> 4 grosses pommes de terre (charlottes)
> 4 branches de romarin frais
> 6 cuill. à soupe d'huile d'olive
> sel, poivre

Lavez et frottez les pommes de terre sous un filet d'eau tiède. Séchez-les et taillez-les en fines lamelles régulières de 1/2 cm d'épaisseur.

Faites chauffer la plancha.

Sur la plancha brûlante, saisissez les lamelles de pomme de terre et les branches de romarin avec l'huile d'olive. Salez, poivrez et laissez cuire les pommes de terre pendant 20 minutes environ pour qu'elles soient bien dorées.

Servez les pommes de terre au romarin bien chaudes, en garniture d'une viande ou simplement comme plat principal, accompagnées d'ail haché et de poivrons cuits à la plancha.

Avant de servir, pressez bien les tranches de citron grillées sur les saint-jacques pour les assaisonner.

Saint-jacques au basilic marinées à l'huile d'olive et au citron vert

PRÉPARATION : 10 MIN

MARINADE : 30 MIN

CUISSON : 15 MIN

POUR 4 PERSONNES

> 600 g de noix de saint-jacques avec le corail

Pour la marinade

> 1 botte de basilic
> 2 citrons verts non traités
> 1 cuill. à café de sucre en poudre
> 10 cuill. à soupe d'huile d'olive
> sel, poivre

Effeuillez et lavez le basilic. Lavez les citrons verts et taillez-les en fines tranches. Rincez et séchez les noix de saint-jacques. Mettez dans un saladier le basilic, les tranches de citron et les noix de saint-jacques, ajoutez le sucre, salez, poivrez et arrosez l'ensemble avec l'huile d'olive. Laissez mariner pendant 30 minutes en remuant de temps en temps.

Faites chauffer la plancha et saisissez-y les saint-jacques, le basilic et les tranches de citron. Laissez cuire pendant 10 minutes sans remuer, en arrosant de temps en temps avec un peu de marinade, puis retournez le tout et laissez cuire pendant 5 minutes de l'autre côté. Retirez de la plancha les saint-jacques, le citron et le basilic à l'aide d'une spatule.

Servez les saint-jacques au basilic bien chaudes, avec une salade verte sans vinaigrette.

Vous pouvez également utiliser des encornets surgelés, ou des blancs de seiche, qu'il faut bien sécher avant de les mettre à mariner.

Encornets à la sauce soja et petits pois épicés

PRÉPARATION : 10 MIN

MARINADE : 1 H

CUISSON : 20 MIN

POUR 4 PERSONNES

> 1,5 kg d'encornets frais (nettoyés et vidés)
> 400 g de petits pois surgelés

Pour la marinade

> 5 cuill. à soupe d'huile d'olive
> 5 cuill. à soupe de sauce soja
> 1 cuill. à café d'herbes de Provence séchées
> 1 cuill. à café de curry
> sel, poivre

Pour accompagner

> quelques tranches de pain

Essuyez les encornets avec une feuille de papier absorbant. Mettez-les dans un grand plat en terre.

Préparez la marinade. Arrosez les encornets avec l'huile d'olive, la sauce soja, puis ajoutez les herbes de Provence et le curry. Mélangez délicatement, poivrez fortement et salez légèrement. Laissez mariner pendant 1 heure au réfrigérateur.

Faites chauffer la plancha.

Égouttez les encornets, réservez la marinade.

Saisissez les encornets sur la plancha brûlante. Lorsqu'ils commencent à se colorer, ajoutez les petits pois encore surgelés et arrosez l'ensemble avec la marinade. Laissez caraméliser.

Dégustez sur des tranches de pain grillées à la plancha, après avoir nappé avec les sucs de cuisson légèrement roussis.

Une variante à la recette consiste à remplacer les petits pois par des piquillos en boîte, piments doux cuits vendus au rayon des produits exotiques dans les supermarchés (voir page 47).

Les piquillos se vendent en bocal ou en conserve dans des épiceries fines ou encore au rayon exotique des supermarchés.

Gambas et piquillos au laurier

PRÉPARATION : 10 MIN

CUISSON : 20 MIN

POUR 4 PERSONNES

- > 30 gambas crues surgelées de taille moyenne
- > 500 g de piquillos (piments doux cuits)
- > 6 feuilles de laurier
- > 3 cuill. à soupe d'huile d'olive
- > sel, poivre

Dans un saladier d'eau tiède, mettez les gambas à décongeler pendant 10 minutes environ. Égouttez-les et séchez-les dans du papier absorbant.

Faites chauffer la plancha.

Égouttez et rincez les piquillos à l'eau froide.

Sur la plancha très chaude, saisissez les gambas. Lorsqu'elles commencent à se colorer, ajoutez les piquillos et les feuilles de laurier. Salez, poivrez et arrosez avec l'huile d'olive.

Achetez des gros maquereaux frais et demandez à votre poissonnier de lever les filets. Sinon, utilisez des filets de maquereau surgelés.

Filets de maquereau au romarin et à la moutarde forte

PRÉPARATION : 10 MIN
CUISSON : 10 MIN

POUR 4 PERSONNES

> 8 grands filets de maquereau
> 4 cuill. à soupe de moutarde forte
> 4 cuill. à soupe d'huile d'olive
> 4 branches de romarin frais
> 1 cuill. à café de romarin séché
> sel, poivre

Badigeonnez les filets de maquereau de moutarde. Disposez-les sur une grille, salez, poivrez et arrosez-les d'huile d'olive.

Faites chauffer la plancha.

Saisissez sur la plancha bien chaude les filets de poisson côté peau. Ajoutez le romarin frais et le romarin séché. Laissez colorer et faites cuire pendant 5 minutes sans toucher aux filets, puis retournez-les délicatement avec une spatule, et faites cuire de nouveau pendant 5 minutes.

Dégustez les filets de maquereau croustillants et fondants, accompagnés d'une pomme de terre à l'eau écrasée à la fourchette.

Vous pouvez également réaliser cette recette avec des filets de rouget, en réduisant le temps de cuisson.

Rougets entiers aux agrumes

PRÉPARATION : 10 MIN

MARINADE : 2 H

CUISSON : 20 MIN

POUR 4 PERSONNES

> 2 oranges non traitées
> 2 citrons verts non traités
> 8 petits rougets-barbets entiers (écaillés et vidés)

Pour la marinade

> 1 orange
> 1 citron vert
> 4 cuill. à soupe de sauce soja
> 4 branches d'aneth
> 5 cuill. à soupe d'huile d'olive
> sel, poivre

Découpez 2 oranges et 2 citrons en tranches épaisses. Pressez 1 orange et 1 citron pour en extraire le jus. Dans un grand plat, réunissez les rougets-barbets entiers et les rondelles d'agrumes.

Préparez la marinade. Versez sur les rougets le jus d'orange et le jus de citron ainsi que la sauce soja ; ajoutez l'aneth concassé et l'huile d'olive. Salez, poivrez et laissez mariner pendant 2 heures au réfrigérateur.

Faites chauffer la plancha.

Saisissez les rougets et les rondelles d'agrumes sur la plancha très chaude. Faites cuire pendant 10 minutes de chaque côté. Arrosez les poissons avec la marinade tout au long de la cuisson.

Dressez les rougets sur de grandes assiettes. Décorez avec les rondelles d'agrumes.

Servez les rougets accompagnés d'une purée de céleri.

Pour des sardines moins épicées, remplacez la harissa par un bouquet de coriandre fraîche hachée grossièrement.

Sardines farcies à l'orientale

PRÉPARATION : 25 MIN

CUISSON : 15 MIN

POUR 4 PERSONNES

> 12 sardines (écaillées et vidées)
> 2 cuill. à soupe d'huile d'olive
> 3 branches de thym
> 4 feuilles de laurier

Pour la farce

> 1 gousse d'ail
> 1 cuill. à café de pignons de pin
> 1 cuill. à café de harissa
> 70 g de concentré de tomate
> 100 g de semoule moyenne
> 1 cuill. à soupe d'huile d'olive
> sel, poivre

Préparez la farce. Hachez la gousse d'ail et les pignons dans un robot. Mettez-les dans un petit bol et mélangez avec la harissa, le concentré de tomate, la semoule et l'huile d'olive. Salez, poivrez et farcissez les sardines avec cette préparation.

Faites chauffer la plancha.

Sur la plancha brûlante, mettez l'huile d'olive et saisissez les sardines. Laissez cuire pendant 7 ou 8 minutes à feu vif de chaque côté, avec le thym et le laurier. Salez et poivrez.

Servez les sardines chaudes et croustillantes avec une salade verte.

En variante à cette recette, prenez des pavés de cabillaud ou de truite de mer, des filets de saint-pierre ou de dorade. Veillez à saisir le poisson côté peau, sur la plancha brûlante, et à ne jamais le retourner.

Pavés de saumon mi-cuits au pesto et à l'huile d'olive

PRÉPARATION : 10 MIN

CUISSON : 15 MIN

POUR 4 PERSONNES

> 4 pavés de saumon avec la peau (environ 180 g chacun)
> 4 cuill. à soupe d'huile d'olive
> 4 cuill. à soupe de pesto
> sel, poivre

Découpez les pavés de saumon en deux. Arrosez-les d'huile d'olive, salez et poivrez.

Faites chauffer la plancha.

Saisissez le saumon côté peau sur la plancha brûlante. Couvrez le dessus des pavés de saumon avec une couche de pesto. Laissez cuire pendant 15 minutes du même côté, en arrosant sans cesse avec le jus de cuisson. Lorsque la peau devient très croustillante, que le centre du pavé est bien cuit et que la chair du dessus est légèrement translucide, dressez le saumon sur un grand plat.

Dégustez les pavés de saumon accompagnés de courgettes à la poêle.

Lorsque vous épluchez l'ananas, utilisez un grand couteau pour bien dégager la chair à vif. Utilisez des ananas victoria, plus petits mais plus goûteux.

Ananas au beurre de vanille

PRÉPARATION : 10 MIN
CUISSON : 10 MIN

POUR 4 PERSONNES

> 1 ananas

Pour le beurre de vanille

> 200 g de beurre
> 15 g de sucre vanillé
> 2 cuill. à soupe de sucre en poudre
> 2 gousses de vanille

Préparez le beurre de vanille. Laissez ramollir le beurre à température ambiante. Mélangez-le avec le sucre vanillé et le sucre en poudre. Ouvrez et grattez les gousses de vanille pour en extraire les graines, puis ajoutez celles-ci au beurre.

Épluchez et découpez l'ananas en tranches épaisses.

Faites chauffer la plancha.

Sur la plancha très chaude, saisissez les tranches d'ananas avec le beurre de vanille. Laissez colorer des deux côtés en arrosant de temps en temps avec le beurre fondu.

Dégustez l'ananas encore tiède accompagné d'une glace à la noix de coco ou d'un sorbet aux fruits.

Cette recette est aussi savoureuse avec des crêpes à la farine de froment. La galette de sarrasin sucrée est néanmoins plus originale avec le citron vert.

Galettes de sarrasin croustillantes au citron vert

PRÉPARATION : 10 MIN

CUISSON : 10 MIN

POUR 4 PERSONNES

> 100 g de beurre
> 100 g de sucre glace
> 2 citrons verts
> 4 galettes de sarrasin

Laissez ramollir le beurre à température ambiante, puis mélangez-le avec le sucre glace. Tartinez les galettes avec le beurre sucré.

Pressez les citrons verts.

Faites chauffer la plancha.

Sur la plancha très chaude, saisissez les galettes une par une pour les colorer. Pliez-les, continuez à les dorer quelques minutes en ajoutant le reste de beurre sucré. Lorsque les galettes sont croustillantes et commencent à caraméliser, arrosez avec le jus de citron vert.

Le goût sucré et léger des pommes goldens se marie parfaitement avec celui de la cannelle.

Quartiers de pommes dorés au beurre sucré à la cannelle

PRÉPARATION : 15 MIN

RÉFRIGÉRATION : 30 MIN

CUISSON : 10 MIN

POUR 4 PERSONNES

> 4 pommes goldens
> 3 bâtons de cannelle

Pour le beurre sucré

> 150 g de beurre
> 2 cuill. à soupe de sucre de canne en poudre
> 1 cuill. à café de cannelle en poudre

Préparez le beurre sucré. Laissez ramollir le beurre à température ambiante. Mélangez-y le sucre et la cannelle en poudre. Faites redurcir la préparation au beurre au réfrigérateur pendant 30 minutes.

Épluchez et découpez les pommes en quartiers.

Faites chauffer la plancha.

Sur la plancha chaude, saisissez les quartiers de pomme avec le beurre sucré à la cannelle. Ajoutez les bâtons de cannelle. Laissez colorer les pommes des deux côtés pendant 10 minutes environ.

Lorsque les quartiers de pomme sont fondants et croustillants, dresses-les encore chauds dans des assiettes individuelles et servez avec une boule de glace vanille.

TABLE DES ÉQUIVALENCES FRANCE-CANADA

POIDS

55 g	2 onces	200 g	7 onces	500 g	18 onces
100 g	3,5 onces	250 g	9 onces	750 g	27 onces
150 g	5 onces	300 g	11 onces	1 kg	36 onces

Ces équivalences permettent de calculer le poids, à quelques grammes près (en réalité, 1 once = 28 g).

CAPACITÉS

25 cl	9 onces	75 cl	26 onces
50 cl	17 onces	1 l	35 onces

Pour faciliter la mesure des capacités, 25 cl équivalent ici à 9 onces (en réalité, 23 cl = 8 onces = 1 tasse).

Un grand merci à Annie et Anatole Dudka pour leurs kilomètres de vaisselle,
leur jardin ensoleillé et leur bonne humeur !

J.-F. Mallet

L'éditeur remercie chaleureusement Weber ® (www.weber.eu) pour avoir mis gracieusement
à sa disposition leurs barbecues ainsi que leurs planchas.

Direction éditoriale Véronique DE FINANCE-CORDONNIER
Édition Mathilde PITON
Direction artistique Emmanuel CHASPOUL
Mise en page Sylvie SÉNÉCHAL
Lecture-correction Chantal PAGÈS assistée de Madeleine BIAUJEAUD
Couverture Véronique LAPORTE
Fabrication Annie BOTREL

Les Éditions Larousse utilisent des papiers composés de fibres naturelles, renouvelables, recyclables et fabriquées à partir de bois issus de forêts qui adoptent un système d'aménagement durable. En outre, les Éditions Larousse attendent de leurs fournisseurs de papier qu'ils s'inscrivent dans une démarche de certification environnementale reconnue.

ISBN 978-2-03-584411-8

Photogravure Turquoise, Émerainville
Imprimé en Espagne par Graficas Estella, Estella
Dépôt légal : mars 2009 302291/01 – 11007414 janvier 2009